Viens jouer, maman !
Let's play, Mom!

Shelley Admont
Illustré par Biljana Serafimovska

www.kidkiddos.com
Copyright©2015 by S.A.Publishing ©2017 by KidKiddos Books Ltd.
support@kidkiddos.com

All rights reserved. No part of this book may be reproduced in any form or by any electronic or mechanical means, including information storage and retrieval systems, without written permission from the publisher or author, except in the case of a reviewer, who may quote brief passages embodied in critical articles or in a review.

Tous droits réservés. Aucune reproduction de cet ouvrage, même partielle, quelque soit le procédé, impression, photocopie, microfilm ou autre, n'est autorisée sans la permission écrite de l'éditeur.

First edition, 2019

Edited by Martha Robert
Translated from English by Sophie Troff
Traduit de l'anglais par Sophie Troff
French editing by Ginette Bedard
Révision en français par Ginette Bedard

Library and Archives Canada Cataloguing in Publication
Let's play, Mom! (French English Bilingual Edition) / Shelley Admont

ISBN: 978-1-5259-1287-0 paperback
ISBN: 978-1-5259-1288-7 hardcover
ISBN: 978-1-5259-1286-3 eBook

Please note that the French and English versions of the story have been written to be as close as possible. However, in some cases they differ in order to accommodate nuances and fluidity of each language.

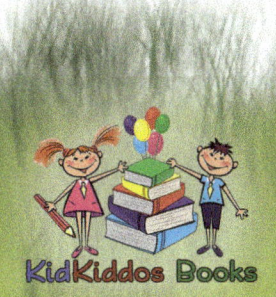

Ma mère est une scientifique. C'est un travail très important. Elle est très occupée.

My mom is a scientist. It is a very important job. She is very busy.

Tous les jours, maman vient me chercher à l'école.

Every day, Mom picks me up from school.

— *Bonjour, ma puce ! dit maman, en me faisant un grand sourire et un câlin.*

"Hello, sweet pea!" Mom says, with a big smile and a hug.

Je lui demande toujours : « On va au parc aujourd'hui ? »
I always ask, "Are we going to the park today?"

Et tous les jours, maman rit.
And every day, Mom laughs.

Elle dit « oui », et elle m'emmène dans le grand parc au coin de notre rue. C'est l'endroit où je préfère aller.
She says, "Yes," and takes me to the big park on the corner of our street. It's my favorite place to go.

Il y a un grand toboggan rouge, des balançoires et mon jeu préféré : la cage à écureuil.

There is a big red slide and swings, and my favorite game – the monkey bars.

On peut se balancer les pieds dans le vide et jouer à être qui on veut.

You can swing along with your feet hanging in the air and pretend to be anything you like.

Certains jours, je suis une pirate qui se balance au bout du mât de son grand bateau corsaire.

Some days, I am a pirate swinging through the mast of my own big pirate ship.

D'autres jours, je suis une exploratrice. Ces jours-là, je dois traverser toute l'aire de jeux sans tomber dans la rivière que j'imagine en contrebas.

Other days, I am an explorer. On those days, I have to cross the whole playground without falling into the river that I imagine is below.

Mais maman ne participe jamais à mes jeux. Parce que c'est une scientifique et qu'elle a beaucoup de travail. Elle s'assied sur le banc et tape à l'ordinateur.

But Mom never joins in with my games. Because she is a scientist and has a lot of work. She sits on the bench and types.

— *Maman, tu viens jouer ? je lui demande.*
"Mom," I ask, "will you come and play?"

Maman lève les yeux de son portable.
— *Désolée, ma puce. J'ai encore du travail.*
Mom looks up from the laptop. "Sorry, sweet pea. I've got to do some more work."

Après l'école, le lendemain, quelque chose est un peu différent.

After school the next day, something is a little different.

Quand elle dit : « Bonjour, ma puce ! » son sourire est moins grand.

When she says, "Hello, sweet pea!" her smile is not so big.

Quand je lui demande si on va au parc aujourd'hui, elle répond « oui », mais elle ne rit pas.

When I ask, "Are we going to the park today?" she says, "Yes," but she doesn't laugh.

Je vais dans l'aire de jeux et maman s'assied sur le banc.
I go to the playground and my Mom sits down on the bench.

J'ai une idée. Jouer me rend heureuse, alors ça devrait aussi rendre maman heureuse.
I have an idea. Playing makes me happy, so it should make Mom happy as well.

— *Viens jouer avec moi, maman ! dis-je.*
"Come and play with me, Mom!" I say.

— *Je ne peux pas, ma puce. Je tomberais probablement de ce truc, de toute façon, dit maman avec un sourire triste.*
"I can't, sweet pea. I would probably fall off that thing anyway," says Mom, with a sad smile.

— *Je vais t'apprendre, maman ! C'est rigolo !*

"I'll teach you, Mom! It's fun!"

Maman soupire. Elle pose son ordinateur et vient me rejoindre.

Mom sighs. She puts down her laptop and comes over to me.

— *Vas-y, ma puce, dit-elle. Montre-moi.*

"Come on then, sweet pea," she says. "Show me."

Je lui apprends à se balancer d'une barre à l'autre. Je lui montre comment s'accrocher aux barreaux.

I teach her how to swing from one bar to the other. I show her how to hold the bars.

Quand elle ne le fait pas de la bonne façon, je dis : « Non, maman, comme ça ! » et elle sourit. C'est un grand sourire.

When she does it wrong, I say, "No, Mom, like this!" and she smiles. It's a big smile.

— *Faisons comme si nous étions de vrais singes dans la forêt, dis-je. Regarde, je mange une banane !*

"Let's pretend we're real live monkeys in a forest!" I say. "Look, I'm eating a banana!"

— *Je suis une maman singe, alors, dit maman en se balançant. Regarde, bébé singe, je te cours après.*

"I'm a mommy monkey, then," says Mom, swinging. "Look, baby monkey, I'm chasing you!"

Mais je joue à la cage à écureuil depuis plus longtemps que maman. Je suis plus rapide, et elle n'arrive pas à m'attraper.

But I have been playing at monkey bars longer than Mom. I am faster, and she can't catch me.

Ça nous fait rire toutes les deux.

That makes us both laugh.

— *Tu aimes bien jouer, maman ? je demande, suspendue à l'envers.*
"Do you like to play, Mom?" I ask, hanging upside down.

— *Oui, ma puce, j'adore jouer ! s'esclaffe maman.*
Mom laughs, "Yes, sweet pea, I love to play!"

Ma maman est de nouveau heureuse !
My mom is happy again now!

Nous jouons jusqu'à ce qu'il soit presque l'heure d'aller au lit. Puis maman me ramène à la maison en me tenant la main.

We play until it is nearly bedtime. Then Mom walks me back home, holding my hand.

— *C'était amusant ! dis-je. On pourra le refaire ?*
"That was fun!" I say. "Can we do it again?"

— *Oui, bien sûr qu'on pourra, dit maman.*
"Yes, of course we can," says Mom.

Le lendemain, après l'école, maman vient me chercher et m'emmène à l'aire de jeux.

The next day, after school, Mom picks me up again and takes me to the playground.

Quand nous arrivons au parc, maman ne s'assied pas sur le banc.

When we get to the park, Mom doesn't sit down on the bench.

— *Qu'est-ce que tu fais, maman ? je demande.*

"What are you doing, Mom?" I ask.

— *Je vais jouer avec toi. C'est amusant ! dit maman.*

"I'm going to play with you. It's fun!" says Mom.

Je suis si heureuse ! J'ai toujours voulu que ma maman joue avec moi.

I am so happy! I have always wanted my mom to play with me.

Nous jouons sur l'aire de jeux. Maman a plein de bonnes idées de jeux. Ça rend le jeu encore meilleur !

We play at the playground again. My mom has lots of good ideas for games. That makes playing even better!

Et elle s'amuse – autant que moi!

And she likes it – just as much as I do!

www.ingramcontent.com/pod-product-compliance
Lightning Source LLC
LaVergne TN
LVHW072105060526
838200LV00061B/4809